總序

『上醫治國，中醫治人，下醫治病』，古有明訓。中醫藥學以天地一體、天人合一、和而不同、以人爲本的思想爲基礎，深刻體現了中華民族的認知方式和價值取嚮，承載着中華民族傳統文化的豐富内涵，是我國文化軟實力的重要體現。習近平總書記在系列重要講話中，多次引用中醫術語、運用中醫妙喻，闡述治國理政的理念和方法，準確而傳神，深刻而生動，展示了中醫藥文化藴含的哲學智慧和思維魅力。

二〇一六年二月十四日，國務院總理李克强主持召開國務院常務會議，指出傳承中醫藥優勢，發揮其獨特作用，可以更好造福人類健康。會議確定要促進中醫藥和民族醫藥繼承保護與挖掘，搶救瀕臨失傳的珍稀與珍貴古籍文獻，强化師承教育，大力培養中醫藥人才，提高中醫藥應急救治、防病治病能力。

中醫藥保護與傳承，中醫藥産業創新與發展，中醫藥古籍文獻整理與保護，已經成爲國家重視、各方關注的重要議題。中醫藥事業及古籍文獻整理與保護領域工作者們迎來了期盼已久的大好時期。

根據《中國中醫古籍總目》的著録，存世的中醫古籍有一萬三千餘種。這些文獻跨越了從先秦到晚清二千餘年的歷史，成爲人類社會極爲豐富的一筆知識財富和遺産資源。中醫古籍以圖文形式記録了中醫學數千年來積累的理論知識和臨床經驗，相對於其他學科的古籍，不僅具有珍貴的文物價值，而且具有重要的實用價值。中醫古籍得以流傳至今，得益於歷代學者的不斷整理和研究。

然而，由於歷史悠久、自然灾害、保護不力等原因，在現存萬餘種的中醫藥古籍中，大多數存在殘破、蟲蛀、濕浸等問題，有四千餘種已經成爲孤本，甚至面臨湮滅的危險。因此，如何利用現代出版技術，對優質珍貴古籍進行還原性出版，再現古籍的版本及内容價值，是中醫研究和圖書文獻信息工作的重要課題。

二十世紀九十年代以來，日新月异的現代信息技術被廣泛應用於古

總序

「上醫治國，中醫治人，下醫治病」，古有明訓。中醫藥學以天地一體、天人合一、和而不同、以人為本的思想為基礎，深刻體現了中華民族的認知方式和價值取向，承載着中華民族傳統文化的豐富內涵，是我國文化軟實力的重要體現。習近平總書記在系列重要講話中，多次引用中醫術語、運用中醫妙喻，闡述治國理政的理念和方法，準確而傳神，深刻而生動，展示了中醫藥文化蘊含的哲學智慧和思維魅力。

二〇一六年二月十四日，國務院總理李克強主持召開國務院常務會議，指出傳承中醫藥優勢，發揮其獨特作用，可以更好造福人類健康。會議確定要促進中醫藥和民族醫藥繼承保護與挖掘，搶救瀕臨失傳的珍稀與珍貴古籍文獻，強化師承教育，大力培養中醫藥人才，提高中醫藥應急救治、防病治病能力。

中醫藥保護與傳承，中醫藥產業創新與發展，中醫藥古籍文獻整理與保護，已經成為國家重視、各方關注的重要議題。中醫藥事業及古籍文獻整理與保護領域工作者們迎來了期盼已久的大好時期。

根據《中國中醫古籍總目》的著錄，存世的中醫古籍有一萬三千餘種。這些文獻見證了從先秦到晚清二千餘年的歷史，成為人類社會極為豐富的一筆知識財富和遺產資源。中醫古籍以圖文形式記錄了中醫學數千年來積累的理論知識和臨床經驗，相對於其他學科的古籍，不僅具有珍貴的文物價值，而且具有重要的實用價值。中醫古籍得以流傳至今，得益於歷代學者的不斷整理和研究。

然而，由於歷史悠久，自然災害，保護不力等原因，在現存萬餘種的中醫藥古籍中，大多數存在殘破、蟲蛀、黴變等問題，有四千餘種已經成為孤本，甚至面臨湮滅的危險。因此，如何利用現代出版技術，對這些珍貴古籍進行還原性出版，再現古籍的版本及內容價值，是中醫研究和圖書文獻信息工作的重要課題。

二十世紀九十年代以來，日新月異的現代信息技術被廣泛應用於古籍整理、開發和保護，改變了傳統古籍整理的概念，使古籍整理進入了一個新的階段，爲解决古籍文獻保存和利用之間的矛盾提供了有效的途徑。通過數字化掃描與深加工、現代倣真出版技術，可以實現古籍復原性出版，對挽救瀕臨絶本的珍貴古籍免於失傳，保存、利用和傳播現存於世的珍貴孤本等，都具有重要意義。

《中華中醫古籍珍稀稿抄本叢刊》（第一輯）以中國科學院上海生命科學信息中心館藏的珍貴中醫古籍資源爲基礎，甄選現存於世、具有珍貴版本及學術文化價值的珍稀稿抄本作爲首批復原性出版對象。經過中醫領域及出版領域專家遴選，先期選定十種中醫古籍珍稀稿抄本，利用現代數字化掃描及出版技術，保存現有古籍原貌，重現珍貴版本價值；同時重點發揮古籍珍貴歷史文獻參考作用，爲中醫藥事業工作者、古籍研究與收藏愛好者，提供重讀歷史典籍、發掘中華歷史文化寶藏的重要機會，並爲珍稀稿抄本的長期保存和保護提供重要支撑。

叢刊致力於館藏中醫古籍中珍稀稿抄本的整理與出版，是一項『繼絶存真，傳本揚學』的重大出版工程。稿抄本與刻本相比，流傳稀少，世難一見。從第一輯選目來看，叢刊所收十種中醫稿抄本，八種爲孤抄本，一種更是孤稿本。這些古籍能够以叢書的形式原貌存真出版，實爲保護和傳承中華歷史文化寶藏的一大幸事。

在此，衷心希望《中華中醫古籍珍稀稿抄本叢刊》（第一輯）能爲中醫藥傳承創新、中醫藥文化弘揚光大，提供更多的『新鮮』材料，發揮其應有的作用和價值；衷心期望本叢刊的出版發行，帶動上海乃至全國館藏珍貴中醫古籍整理與出版的研究與發展，爲中醫藥事業、中國古籍保護事業的發展做出應有的貢獻！

陳凱先

中國科學院　院士
上海中醫藥大學　原校長

二〇一六年三月十六日於上海

提要

《雜症集解》，不分卷，抄本，未著撰者及抄寫者，現藏於中國科學院上海生命科學信息中心生命科學圖書館。

紙捻毛裝，五册一函。版式：半葉十二行，行三十字。開本：高二十五點七釐米，寬十七點七釐米。封面題：『雜症集解』。每册封面又題各自簡要目録，無序跋。

是書第一册有《腰疼脊痛論（附臂）》《脇痛論》《痛風論》《痹痛論》《麻木論》《痿躄論》《脚氣論》；第二册有《咳嗽論》《哮喘論》《汗論》《眩暈論》《消渴論》《癲狂癇論》；第三册有《腹滿論》《腹脹論》《水腫論》《疝氣論》；第四册有《痰病論》《火病論》《心胃痛論》《頭痛論》《腹痛論》；第五册有《瘧疾論》《痢疾論》《泄瀉論》《胸痞論》。每一病證包括概述、分類證治及『脈候』三部分。概述往往先引述《内經》《甲乙經》等經典或河間、丹溪等大家之言，敘述該病之辨證綱領，繼而強調其辨證論治原則及大法，亦引其他相關論述稍作評述。病證分類原則大致以臟腑辨證爲綱，再據具體病證特點，結合病因辨證、病邪辨證、八綱辨證等，確定具體證型，記載臨床表現、病機分析、主治方藥及注意事項等。最後以『脈候』總結病證的辨治及預後。如《腰疼脊痛論（附臂）》，先引《内經》『太陽所至爲腰痛』『腰者腎之府』『肺氣有餘，則肩背痛』等語，其下詳分『腎虚腰痛』『腎寒腰痛』『受風腰痛』『感寒腰痛』『傷濕腰痛』『傷熱腰痛』『氣滯腰痛』『瘀血腰痛』『痰積腰痛』『内閃腰痛』『重墜腰痛』『婦人腰痛』『男子腰痛』『白濁腰痛』『脊背筋痛』『脊背酸痛』『脊骨冷痛』『肩背痰痛』『肩背風濕痛』『背心冷痛』『肩背風熱痛』『肩背熱痛』『肩背強直痛』『肩背腎逆痛』『肩背胛縫痛』『手臂濕痰痛』『手臂寒痛』『手臂筋痛』『手臂軟牽引肩背胯膝痛』『兩臂引腿膝痛』，每類下敘述該病證辨證綱領，間引朱丹溪等大家之言，繼而強調其辨證論治原則，附方劑治法。後附『脈候』，以短句簡要總結腰痛脊痛病證各分類辨治：『大爲腎虚，濇爲淤血，緩爲寒濕，滑伏爲痰，尺沉腰背痛，尺沉爲滯，尺弦爲虚，沉弦緊爲寒，沉弦浮爲風，沉弦濇細爲濕，沉弦實爲閃挫。』『洪爲熱，大爲風，促上擊者肩背痛，沉滑背膂痰痛，臂痛脈血上同。』

該抄本品相上佳，抄寫字跡清晰優美。全書體例整齊，内容較爲完整，基本涵蓋了中醫内科諸病的診治。論述首重經典，博採衆長，病證分類詳盡，可供當今病證辨治參考。

目録